# La Jurisprudence et l'Équité

*Lecture faite à la Séance solennelle d'ouverture
des Conférences du stage*

LE 17 DÉCEMBRE 1898

PAR

Marcel PORTE

Avocat à la Cour d'Appel de Grenoble

GRENOBLE

IMPRIMERIE ALLIER FRÈRES

26, Cours Saint-André, 26

1899

# La Jurisprudence et l'Équité

*Lecture faite à la Séance solennelle d'ouverture
des Conférences du stage*

LE 17 DÉCEMBRE 1898

PAR

Marcel PORTE

Avocat à la Cour d'Appel de Grenoble

GRENOBLE

IMPRIMERIE ALLIER FRÈRES

26, Cours Saint-André, 26

1899

# LA JURISPRUDENCE ET L'ÉQUITÉ[1]

Monsieur le Batonnier,
Messieurs et chers Confrères,

Parmi les principes consacrés par la Révolution de 1789, il en est peu dont l'action ait été plus féconde et dont l'autorité soit restée plus entière que celles du principe de la séparation des pouvoirs. Ce n'est point à dire qu'aucune atténuation de fait ne lui ait été apportée; et, tandis que des théoriciens de la politique, rendus défiants contre l'excès de logique, dénonçaient les dangers d'une séparation trop absolue, les nécessités de la pratique, auxquelles nulle formule ne saurait résister, amenaient le pouvoir judiciaire, pour suppléer au silence ou à l'insuffisance de la loi, à briser le cadre trop étroit que lui faisaient les constitutions et à entreprendre silencieusement ce que l'on a pu appeler, d'un mot peut-être trop scientifique, l'œuvre prétorienne de la jurisprudence.

Vous n'êtes pas de ceux pour qui ce terme demande une explication. Vous savez, par expérience, qu'au Palais une

---

[1] Voyez Cabantous, *Revue de Législation*, 1843, p. 446.
— Sacase, — 1854, p. 83.
— Ancelot, — 1855, p. 191.
— Courcelle-Seneuil, *Préparation à l'étude du Droit, passim.*
— Labbé, Préface des *Institutions juridiques des Romains, de Cuq.*
et surtout Langlois, *Thèse de Doctorat*, 1897.

théorie, si logique et si fortement pensée soit-elle, ne vaut guère que par le nombre des arrêts qui l'ont sanctionnée ; le rôle de la doctrine — et aussi sa revanche — se borne ici à relever les décisions contradictoires, ou, plus noblement, à dégager, des solutions éparses dans les recueils d'arrêts, les tendances générales, et, mettant au plein jour les résultats acquis, à guider et soutenir les tribunaux dans leur lutte journalière pour le triomphe de l'équité.

Aussi bien, Messieurs, serait-ce méconnaître étrangement le caractère contingent des principes du droit que de s'élever contre un tel état de choses. La science du droit ne peut prétendre à des vérités ayant la rigueur des vérités mathématiques établies une fois pour toutes, et dès lors immuables ; même pour ceux qui, concevant la possibilité d'un droit naturel, mettent ses axiomes en dehors et au-dessus des transformations sociales, il reste encore une portion notable du droit qui ne sera jamais que la « végétation des mœurs », que la résultante d'un milieu et d'une époque. Combien il serait téméraire, lorsque ce milieu est, comme le nôtre, profondément remué par l'activité de la vie industrielle et commerciale, lorsque cette époque a vu s'opérer une véritable révolution économique, de s'écrier avec Bentham : « Tout ce qui n'est pas dans le corps des lois ne sera pas loi[1] ! » Certes l'intervention du législateur est utile, à un moment donné, pour fixer, pour solidifier, pour cristalliser les progrès du droit ; mais ces progrès se sont réalisés en dehors de lui et malgré lui ; on a même pu dire que la codification leur était, pour un instant, fatale[2]. Comme des vagues, poussées par le flux, montent insensiblement et ne s'arrêtent ou ne reculent que pour permettre à la vague suivante, douée d'une force cachée, de conquérir une nouvelle bande de

---

[1] *Traité de Législation*, III, p. 384.
[2] V. *contrà* Roguin, dans le *Recueil de l'Université de Lausanne*, 1896.

sable, de même l'évolution du droit, pour tendre invinciblement vers un idéal, n'en subit pas moins ses temps d'arrêt et ses reculs. Ils sont marqués par les années qui suivent immédiatement la codification, dans lesquelles le droit reste comme figé dans son moule nouveau,— par les années qui l'ont précédée, dans lesquelles toute l'activité des jurisconsultes s'est portée vers le passé, pour surprendre, dans les modifications de la coutume ou dans les variations de la jurisprudence, l'indice des besoins sociaux. Et le législateur allemand faisait preuve, récemment, d'une rare sagacité, lorsqu'il déclarait qu'une réglementation de contrats aussi récents que les assurances, dont on ne connaissait pas encore toutes les applications possibles, était de nature à arrêter leur libre développement et leurs progrès [1].

J'en ai dit assez, Messieurs, pour justifier le sujet de cette étude au cours de laquelle, après avoir rappelé le rôle historique de la jurisprudence, nous voudrions rechercher les procédés par lesquels les tribunaux corrigent ou font la loi, et analyser les caractères essentiels de cette œuvre.

A Rome, depuis la loi des XII Tables, avec laquelle le droit sort de la période purement coutumière, et jusqu'au $V^e$ siècle environ, ce sont les pontifes qui détiennent le monopole d'une science dont le caractère religieux se manifestera, par exemple, dans les formes solennelles du *sacramentum,* et c'est à eux que nous devrons les premiers exemples de l'extension d'un rouage légal à un but différent de son but normal — l'émancipation, par exemple, se réalisant par une triple vente du fils en puissance. La création du préteur (387) puis de deux préteurs, urbain et pérégrin (512), restreignit

[1] Rapport de la Commission de Nuremberg.

déjà le champ d'application du droit strict; bien que n'ayant encore que des pouvoirs de police, les préteurs sauront atteindre le résultat qui leur paraîtra le plus équitable, par des envois en possession, par la protection assurée aux stipulations prétoriennes, ou par la délivrance des interdits. Enfin intervient la loi Ebutia (viie siècle). Maître de la rédaction de la formule, le magistrat pourra faire prévaloir ouvertement des solutions violant le droit strict et donner satisfaction à des intérêts non prévus dans la loi. Actions prétoriennes, exceptions, prescriptions et restitutions *in integrum* formeront un réseau, aux mailles lâches et élastiques, à travers lesquelles pourront se glisser les considérations de nécessité pratique et d'utilité sociale, que n'eût point laissé filtrer le tissu serré de l'ancien droit. Ajoutez le développement parallèle que subira le *jus edicendi*, l'importance toujours plus grande que prendront les manifestes d'entrée en charge, et vous comprendrez que l'édit, par lequel le préteur promet une action ou une exception, édit dont le fonds se transmettra de magistrature en magistrature et qui ne variera chaque année que dans la mesure des besoins nouveaux, soit devenu le véritable organe du droit vivant et mouvant. C'est ce droit, tel que le progrès du droit l'aura fait, que les constitutions impériales et les compilateurs de Justinien recueilleront dans les écrits des jurisconsultes.

Que, dans notre ancienne France, la jurisprudence ait exercé une influence réelle sur l'interprétation de coutumes parfois contradictoires et sur la rédaction des ordonnances, cela n'est pas contestable. Mais, outre que cette influence n'a pu se manifester que du jour où des traditions judiciaires purent se perpétuer, c'est-à-dire du jour de l'établissement permanent des Parlements, elle est effacée, aux yeux de beaucoup, par l'éclat des deux prérogatives célèbres des

— 7 —

Parlements, la faculté de rendre des arrêts de règlement et le pouvoir de se refuser à l'enregistrement des ordonnances. Mais, prenons-y garde, l'on ne saurait, sans une confusion, mêler des faits de cet ordre à une étude de la jurisprudence, et l'on doit y voir, à proprement parler, des manifestations du pouvoir législatif exercé en vertu d'une délégation, au moins tacite, du souverain.

Les arrêts de règlement [1] étaient en effet des décisions ne se rattachant en général à aucune procédure litigieuse, par lesquelles les Parlements indiquaient dans quel sens serait interprétée à l'avenir, dans leur ressort, telle disposition législative, ou dans quel sens serait tranchée telle difficulté. L'origine de cette pratique se trouve à l'époque féodale, dans la confusion des pouvoirs et dans le droit de tout justicier de faire des règlements sur l'exercice de la juridiction lui appartenant. Lorsqu'à partir du XIIe siècle, la royauté s'efforcera de recouvrer et de concentrer le pouvoir législatif, le Parlement conservera néanmoins le droit de règlement, parce qu'en théorie ce sera le roi qui sera censé faire siennes les décisions de ses conseillers.

Une observation analogue peut être faite au sujet de l'enregistrement des ordonnances. Cette formalité, en elle-même, ne représente rien que la promulgation de la loi, et l'on ne voit pas tout d'abord comment un pouvoir de remontrances avait pu être laissé sur ce point aux Parlements. A vrai dire, ce droit ne leur avait jamais été reconnu expressément. Mais la royauté du XVe siècle, par un scrupule trop rare, se défiant des entraînements qui pourraient la porter à abuser de la justice retenue [2], recommandait aux baillis et gens de justice de ne pas mettre ses ordres à exécution lorsqu'ils contien-

---

[1] Esmein, *Histoire du Droit*, p. 529.
[2] Esmein, p. 525.

draient quelque disposition contraire aux devoirs de leur charge. Au xvie siècle, les ordonnances prescrivent aux Parlements de ne pas tenir compte des lettres de grâce ou ordres de surseoir aux arrêts, lorsqu'ils seraient contraires à la justice et au droit. Et c'est par des empiètements successifs des Parlements, tolérés par les rois, que cette pratique s'étendra aux lois proprement dites, au point que Louis XV pourra s'écrier dans l'édit de 1770 : « qu'ils réduisent notre pouvoir législatif à la simple faculté de proposer nos volontés, en se réservant d'en empêcher l'exécution ». Au surplus, les lettres de jussion, ordres d'enregistrer sur l'heure et, en cas de résistance, les lits de justice permettront au roi, dût-il se rendre lui-même au Parlement pour y tenir sa cour, de briser la résistance des magistrats.

Aujourd'hui, la séparation des pouvoirs a enlevé aux tribunaux toute attribution législative, et l'article 5 du Code Civil défend aux juges de se prononcer, par voie de disposition générale et réglementaire, sur les causes qui leur sont soumises. Mais, par la puissance du fait, une série de décisions conformes pourra acquérir une autorité plus grande que le texte même de la loi ; et, d'autre part, puisque l'article 4 du Code Civil punit, comme coupable de déni de justice, le magistrat qui refusera de juger, sous prétexte du silence, de l'obscurité ou de l'insuffisance de la loi, il faudra bien que ce magistrat cherche, ailleurs que dans une loi incomplète, les motifs de se décider, qu'il trouve dans ses propres lumières la solution du problème posé, en un mot, qu'il fasse la loi.

Lorsqu'une disposition légale apparaît comme mauvaise en pratique, l'esprit conçoit pour le juge deux moyens de se dérober à son application : ou bien la comprendre dans un sens autre que son sens véritable (interprétation) — ou bien n'en pas tenir compte (non-usage).

De ces deux procédés, le premier est de beaucoup le plus familier à la jurisprudence française. Une loi ne peut jamais en effet être rédigée en formules assez précises pour s'appliquer exactement à toutes les espèces que fournira la pratique, et l'interprétation est un complément nécessaire de la loi. « Un Code, quelque complet qu'il puisse paraître, n'est
« pas plutôt achevé que mille questions inattendues viennent
« s'offrir au magistrat. Car les lois, une fois rédigées, de-
« meurent telles qu'elles ont été écrites. Les hommes, au
« contraire, ne se reposent jamais ; ils agissent toujours, et
« ce mouvement, qui ne s'arrête pas et dont les effets sont
« diversement modifiés par les circonstances, produit à cha-
« que instant une combinaison nouvelle, quelque nouveau
« fait, quelque résultat nouveau [1]. »

Voici quelques hypothèses où, la loi offrant un peu d'obscurité ou de vague, la jurisprudence en a profité pour la détourner de sa signification réelle et la mettre d'accord avec les exigences de la vie sociale.

Le projet de Code Civil, rompant avec la tradition, n'avait point admis l'inaliénabilité, même immobilière, de la dot ; on fit valoir que c'était la négation du régime dotal, et l'article 1554, dans sa rédaction définitive, proclama, en termes exprès, l'inaliénabilité de la dot immobilière ; le silence voulu qu'il gardait relativement à la dot mobilière était concluant. Néanmoins, la jurisprudence, dans le but de protéger la femme contre sa propre faiblesse et en présence du développement croissant de la fortune mobilière, étend à celle-ci les règles de la dot immobilière.

Des lois spéciales (article 4 de la loi du 8 nivôse an VI, article 7 de la loi du 22 floréal an VII) avaient posé le prin-

---

[1] Discours préliminaire prononcé lors de la présentation du projet de la Commission du Gouvernement (Fenet, I, p. 463).

cipe de l'insaisissabilité des rentes sur l'État ; en conséquence, les rentes ne pouvaient faire partie du gage général des créanciers, et ceux-ci ne pouvaient les saisir sous aucune forme. La jurisprudence a toutefois admis, dans deux cas où ce principe aurait eu des résultats trop scandaleux, la saisissabilité des rentes [1]. Dans l'hypothèse où un héritier était appelé à une succession composée de rentes sur l'État, et acceptait sous bénéfice d'inventaire, afin de ne point subir la poursuite des créanciers sur ses biens propres, elle a décidé que l'héritier devrait, sous peine de perdre sa qualité de bénéficiaire, vendre les rentes sur l'État [2]. De même, en cas de faillite, l'interprétation logique de la loi aurait voulu que les rentes, inaliénables, restassent le patrimoine personnel du failli ; les tribunaux admettent aujourd'hui que le syndic peut vendre les rentes sur l'État comme tous les autres biens du débiteur [3].

La jurisprudence criminelle nous fournit encore un cas de réformation de la loi par voie d'interprétation. Il résulte du témoignage même de Merlin, qui avait assisté à toutes les délibérations du Conseil d'État, que celui-ci avait volontairement omis de prévoir le duel parmi les faits punissables. Depuis 1838, la jurisprudence assimile le duel à un assassinat où à un délit de coups et blessures, suivant que l'issue en a été plus ou moins grave.

Ces exemples, choisis parmi les plus frappants, suffisent à vous montrer de quelle façon large les tribunaux exercent leur pouvoir d'interprétation. Mais, pour n'être pas rigoureusement conformes à la loi, ces solutions n'en doivent pas moins être motivées. La difficulté n'est pas insurmontable : d'abord, si la décision émane de tribunaux d'ordre inférieur,

---

[1] V. Note de M. Glasson (D., 94. S., 497).
[2] Paris, 13 juin 1856, D., 57-2-194.
[3] Paris, 18 janvier 1886, D., 86-2-233 ; Amiens, 16 janvier 1894, D., 94-2-208.

elle sera, autant que possible, basée sur des considérations de fait, afin d'éviter la cassation ; et, lorsque la cour suprême elle-même statuera, elle usera dans une large mesure de ce que l'on appelle familièrement — frappons-nous la poitrine, confrères — des arguments d'avocat, arguments qui peuvent servir à défendre l'une ou l'autre cause, à défaut de plus probants, et dont le plus connu est l'argument tiré des travaux préparatoires de la loi et de l'esprit du législateur. Le procédé n'est pas nouveau, et le tribun Maillia-Garat contait déjà, lors de la rédaction du Code, qu'au temps où il étudiait à l'École de droit de Bordeaux, il suivait les audiences, pour s'instruire. Un premier avocat se levait et invoquait l'autorité de trente arrêts et de plus de trente jurisconsultes ; le second étayait sa thèse sur l'opinion de plus de trente jurisconsultes et d'au moins trente arrêts : « et j'étais « confondu », ajoute le vertueux tribun, « de voir qu'il y « avait tant de raisons pour gagner un procès, tant de raisons « pour le perdre, et si peu de moyens de reconnaître la « justice [1] ».

L'esprit conçoit, avons-nous dit, un second moyen pour le juge de réformer la loi, c'est de n'en pas tenir compte. Bien que notre Code n'admette pas l'abrogation des lois par désuétude [2], j'en pourrais citer plusieurs exemples. Je n'en veux retenir qu'un ; il est cher à ceux d'entre vous qui, trouvant dans l'autorité d'une vie toute d'honneur et de travail, ou, plus jeunes, dans les seuls dons de la nature, la force d'émouvoir les hommes, se consacrent plus spécialement à la défense des causes criminelles. L'infanticide n'a jamais cessé d'être frappé par notre législation de la même peine

---

[1] Fenet, VI, p. 156.
[2] Cass., 25 janvier 1841, S., 41-1-105.

que l'assassinat, c'est-à-dire de la peine de mort ; or, le rapport sur l'administration de la justice, présenté en 1882 au Président de la République par le Garde des Sceaux, constate que, pendant une période de cinquante ans (1830-1880), cette pénalité a été appliquée dans la proportion de 0,2 %. Encore cette statistique ne porte-t-elle que sur les condamnations et ne fait-elle point entrer en ligne de compte les nombreux acquittements qu'entraîne, par voie de réaction, l'énormité d'une pareille répression.

Nous en venons maintenant aux cas où les tribunaux, obligés, en vertu de l'article 4 du Code Civil, de juger, même dans le silence de la loi, ont dû créer la loi de toutes pièces. Et nous distinguerons trois procédés :

1° S'agit-il d'un point de détail que le législateur a oublié de régler ? La jurisprudence transportera à l'espèce la solution donnée par le Code dans une hypothèse analogue ; c'est ainsi qu'elle fait application à la femme qui veut jouir du bénéfice d'émolument du délai de trois mois et quarante jours accordé à l'héritier bénéficiaire par l'article 795, Code Civ. De même, c'est par analogie des articles 132, 790 et 1935, Code Civ., que la jurisprudence valide les aliénations faites par l'héritier apparent ;

2° Si le Code, dans des articles divers, a consacré des solutions qui apparaissaient, dans l'ancien droit, comme les conséquences d'une théorie générale, les tribunaux auront une tendance à conclure à la consécration légale de la théorie tout entière et à s'en référer largement à la tradition. Par exemple, le Code Civil permet au vendeur de retenir la chose jusqu'au paiement du prix lorsque la vente a été faite sans terme (art. 1612), au dépositaire de retenir (art. 1948) la chose déposée jusqu'au paiement intégral de ce que le déposant lui doit au sujet de cette chose, etc. La jurisprudence affirme l'existence d'une théorie générale du droit de rétention, dont la loi ne ferait que des applications particulières, et l'adapte à des hypothèses non prévues par elle. De même, la jurisprudence s'en réfère à la tradition pour régler les détails d'application de l'action Paulienne, dont le Code se borne à poser le principe, en autorisant les créanciers à attaquer, en leur nom personnel, les actes faits par le débiteur en fraude de leurs droits ;

3° Enfin, lorsque les besoins auxquels le juge doit faire face sont tellement nouveaux que les rédacteurs du Code ni l'ancien droit ne les ont prévus, il adoptera les solutions les plus pratiques et ne cherchera que pour la forme à les rattacher à une règle de droit. L'exemple le plus frappant en est la théorie des assurances sur la vie, dont la jurisprudence a posé les bases, dont la doctrine a dégagé les principes, et qui offre, dans notre droit codifié, le spectacle étrange d'une matière essentiellement coutumière.

L'étude à laquelle nous nous sommes livré des divers procédés d'interprétation judiciaire, et les quelques exemples que nous en avons donnés, vont nous permettre de dégager les caractères essentiels qui la distinguent de l'interprétation purement logique des textes.

Nous remarquerons tout d'abord que les jugements ou arrêts dont nous avons résumé les tendances se basent tous sur la notion d'équité, soit qu'ils s'en expriment ouvertement, soit qu'ils la laissent entendre. L'article 11 du titre V du projet de Code Civil, supprimé comme inutile, disait d'ailleurs : « Dans les matières civiles, le juge, à défaut de loi précise, est un ministre d'équité. » Reste à s'accorder sur le sens du mot. Pour nous, en vertu des idées que nous avons émises au début, nous ne pourrons dire que « l'équité, c'est le retour à la loi naturelle ». Mais si nous avons écarté la notion d'un droit naturel inné, « gravé dans le fond de notre personne » (Domat), qui s'est imposé à l'homme antique dans les mêmes termes qu'il s'impose aujourd'hui aux peuplades sauvages de l'Afrique et qu'il s'imposera demain aux civilisations les plus raffinées, nous avons affirmé, en retour, notre croyance en un idéal vers lequel tendent toutes les législations positives; et puisque la loi n'est faite qu'en vue de protéger l'activité humaine et de régler les rapports des hommes vivant en société, la loi idéale sera celle qui tendra à assurer le plus grand développement de la vie dans l'humanité, celle dont les dispositions seront le plus conformes à l'utilité sociale. La notion d'équité, notion de droit idéal, se précise ainsi en celle d'utilité sociale. Seulement, cette utilité sociale, une foule d'influences, auxquelles nous ne pouvons nous dérober, nous empêchent d'en saisir nettement toute la portée; ce sont l'hérédité, l'éducation, le milieu, tout ce que nous appellerons d'un mot les préjugés. Nous arrivons alors à cette conclusion que l'équité c'est l'utilité sociale considérée à travers nos préjugés ; et selon que l'un ou l'autre des deux éléments de la définition l'emportera dans notre esprit, nous apercevrons l'équité dans un sens ou dans l'autre : « Vérité en deçà des Pyrénées, erreur au delà[1]. »

Or, les magistrats, étant des hommes, sont faillibles ; les préjugés pourront, en leur cachant la véritable utilité sociale, les faire errer pour un temps, comme ils ont erré par exemple, en ce qui concerne le duel, jusqu'en 1838, comme ils erraient sans doute quand nos pères priaient Dieu qu'il les gardât de l'équité des Parlements.

Poursuivant notre analyse, nous constaterons que, dans

---

[1] Il serait intéressant de rechercher, d'après cela, en vertu de quelles considérations la jurisprudence belge et la jurisprudence française, partant d'un même texte de loi, arrivent à des solutions très différentes au sujet des actes passés par l'héritier apparent.

l'interprétation équitable, le dispositif du jugement, la considération du but à atteindre est la chose essentielle ; et les motifs sur lesquels s'appuiera la solution lui seront subordonnés — au lieu que dans l'interprétation doctrinale, le dispositif ne saurait être que la résultante forcée des motifs. De là deux conséquences : premièrement, des théories très différentes pourront être adoptées par des juges différents pour arriver à une même solution. En second lieu, parmi les conséquences qu'entraînerait la théorie adoptée, on fera un choix et on n'admettra que celles qui seront en conformité avec le but poursuivi. C'est ainsi qu'après avoir posé le principe de l'inaliénabilité de la dot mobilière, la jurisprudence se refusera à l'appliquer au mari administrateur et lui permettra de céder, sans le concours de sa femme, les créances dotales, exigibles ou non, de transformer les rentes perpétuelles, d'aliéner, moyennant un capital, un droit de rente viagère.

De tout ce qui précède, nous tirerons un dernier caractère de l'interprétation judiciaire. Puisqu'elle est basée sur l'équité, dont la conception peut se modifier sous l'influence des préjugés, puisqu'elle n'est faite qu'en vue d'un but que les nécessités sociales peuvent transformer, il est évident que ses solutions seront essentiellement variables. Et cela est tout à la fois un éloge et un blâme : un éloge si l'on considère qu'il en résultera une merveilleuse adaptation du droit aux besoins nouveaux ; un blâme si l'on se préoccupe seulement de l'intérêt immédiat des justiciables. En tout cas, la société aurait mauvaise grâce à se plaindre d'une variabilité dont elle est l'artisan, par l'influence que le milieu exerce sur l'esprit du juge.

Et voici qu'en terminant il me vient un scrupule. Je vous ai, je crois bien, parlé constamment des tribunaux comme occupés à corriger ou à faire la loi, en sorte qu'un profane, entré par hasard dans cette enceinte, pourrait se demander si ce n'est pas là leur unique ou leur plus importante fonction. Il n'en est rien, pour le moment du moins ; mais s'il est vrai que les progrès d'une science se mesurent au petit nombre de ses formules, on peut rêver d'un avenir, lointain sans doute, où le législateur se bornera à poser des principes, laissant au juge la charge de trancher les points de détail au mieux des intérêts sociaux. C'est un rêve qui ne saurait, d'ailleurs, déplaire à des praticiens.

J'en aurais fini, Messieurs, s'il ne me restait à vous remercier à la fois de l'honneur que vous m'avez fait en me confiant le soin de prononcer ce discours, et de l'attention que vous venez de me prêter. L'œuvre n'aura point été inutile, si j'ai pu, quelques instants, fixer votre réflexion sur l'un des problèmes les plus attachants de cette philosophie du droit, sans laquelle « la théorie ne saurait être qu'un jeu d'esprit et la pratique qu'un métier ».

www.ingramcontent.com/pod-product-compliance
Lightning Source LLC
Chambersburg PA
CBHW050433210326
41520CB00019B/5909